Mi manera de Amar

Dalquis Marina Alarcon Pena

Copyright © 2015, Dalquis Marina Alarcon Pena

All rights reserved. No part of this book may be reproduced, stored, or transmitted by any means—whether auditory, graphic, mechanical, or electronic—without written permission of both publisher and author. Unauthorized reproduction of any part of this work is illegal and is punishable by law.

ISBN: 978-1-329-20614-4

A mi madre que me enseño desde pequeña a adorar la poesía.

A mis familiares y amigos para que me conozcan mejor.

A mi hija para que se inspire un día

y quizás convierta en canciones estos versos.

INDICE:

Cuando tú me tocas / 1

Estoy enferma de amor / 3

Tengo ganas de llorar / 5

Estoy triste / 7

Dolor y perdón / 9

La noche y tu / 11

Recuerdos y soledad / 13

Tengo miedo / 15

Cuando te vuelva a encontrar / 17

Quien eres tu / 19

Ocaso y final / 21

Volver a creer / 23

Otra vez / 25

Cuando nuestras almas se junten / 27

Tu mirada / 29

Mi manera de amar / 31

Juntos otra vez / 33

"CUANDO TU ME TOCAS"

Cuando tú me tocas amor

Mi piel te siente como algo mío

Cuando tú me tocas amor

Tus dedos suaves se deslizan por mi cuerpo

Cuando tú me tocas amor

Cierro mis ojos porque me siento segura cerca de ti

Cuando tú me tocas amor

Dejo que tus manos rueden por mi cuerpo

Porque en tus brazos me siento mujer

POEMA 9

15/04/1996

Este poema fue escrito el 15 de Abril de 1996 en La Habana, en esta fecha estaba haciendo un ano sabático estudiando la especialidad de Derecho Marítimo, la belleza de la capital de Cuba me inspiro a hacer este y otros poemas.

"ESTOY ENFERMA DE AMOR"

Mi cuerpo esta afiebrado

Mi corazón late a toda velocidad

Mi pecho se oprime y un nudo en la garganta me anuncia

Que voy a llorar

Tengo el alma rota porque tu no estas

Y estoy tan triste que no te lo puedes imaginar

Sin embargo puedes entenderlo

Aunque la tristeza hizo presa de mi soledad no sufro

Porque te amo tanto que eso me colma de felicidad.

POEMA 12
03/05/2002

Estoy enferma de amor lo escribí en mi oficina del Bufete de la Ciudad de Holguin en una bella mañana de la primavera del 3 de Mayo del 2002.En esa fecha se celebraban las Romerias de Mayo fiesta de la Cultura Hispanoamericana.

"TENGO GANAS DE LLORAR "

Tengo ganas de llorar

Cada vez que miro a mí alrededor

Y no te veo llegar

Tengo ganas de llorar

Porque necesito que me abraces

Con esa pasión tan honda que me haga suspirar

Tengo ganas de llorar

Porque te busco en mi obscura

Y amarga soledad

Tengo ganas de llorar

Porque no tengo tus besos

Que me colman y me llenan de felicidad

Tengo ganas de llorar

Porque te busco y no te encuentro

Porque te llamo y no respondes

Porque te has ido como otras veces

Dejándome sola y con ganas de llorar.

POEMA 26
25/05/2002

Tengo ganas de Llorar es uno de mis poemas preferidos, lo escribí igualmente en Holguín en el 25 de Mayo del 2002, fecha en que me encontraba muy inspirada.

"ESTOY TRISTE "

Estoy triste desde que partiste

Porque respiro y exhalo amargura

Porque miro y veo nostalgias

De un pasado muerto y de un futuro

Que no veo llegar

Estoy triste porque en mi alma

Solo hay un deseo muy grande de verte llegar

Estoy triste porque estas muy lejos

Y sé que es una necesidad

Estoy triste porque deseo tenerte

Estoy triste porque te amo y no te puedo tener

Estoy triste porque me duelen mis entrañas

Y mi cuerpo cuando tú no estás y te necesito tanto

Que muero de tristeza al no poderte tener.

POEMA 37

07/06/2002

Estoy triste forma parte de la etapa en que solía escribir con mucha frecuencia, este fue escrito en Holguín, el 7 de Junio del 2002.

"DOLOR Y PERDON "

Perdón por hacerte infeliz

Con mis reclamos continuos

Para que llenes mi soledad

Dolor porque siento

Como si me dieras tiempo

Para que aprenda a vivir sin ti

Perdón porque te hago llorar

Con este malgenio sin sentido

Que experimento por ti

Dolor porque sabes que cuando me dejas

Mi alma se oprime y comienzo a sollozar

Perdón por ser tan dura exigiéndote

Cuando el amor solo se da

Dolor porque hoy como siempre

Cada vez que escribo no te tengo

Y me duelen las entrañas

Porque no me acostumbro a vivir sin ti.

POEMA 38
08/08/2002

El Poema 38 Dolor y Perdón fue escrito el 8 de Agosto del año 2002 en Holguín, poema que lleva mucha sensibilidad.

"LA NOCHE Y TU"

Estoy aquí envuelta en el silencio de la noche

Llena de amor pues volví a encontrar

El sabor dulce de lo que es amar

Apareciste tú de repente y como un soplo de aire

Llenaste mi alma de ilusiones otra vez

He vivido veinticuatro horas

De esperanza, calor y placer

Y ahora otra vez sola

Camino por la vida acompañada

Del recuerdo de alguien que me hizo vivir

No, no, no estoy triste

Solo sé que canto, rio y todo es alegría

Desde que te vi

Ojala esto me dure

Hasta que vuelvas a mí.

POEMA 40

3/09/2002

Este poema la Noche y tu, fue escrito en Holguín el 3 de Septiembre del 2002, en este la esperanza y el amor renacen otra vez.

"RECUERDOS Y SOLEDAD "

Tengo ganas de escribir

Porque el tiempo gris y lluvioso

Me impulsan a vivir de los recuerdos

Recuerdos presentes

Que noche y día

Envuelven mi soledad

Recuerdos dulces y gratos

De un pasado que me

Llena de felicidad

Pasado que me acompaña

Presente porque vivo de este amor

Que recuerdo cada día más

Y que tu alimentas cada minuto

Y cada hora de mi extraña soledad

Recuerdos de los días vividos

Que me hacen suspirar y preguntarme

Que fue lo que hizo

Para perturbar mí tranquila soledad.

POEMA 41

21/09/2002

Recuerdos y Soledad es un poema escrito el 21 de Septiembre del 2002, quizás había ya arrepentimiento o quizás más esperanza.

"TENGO MIEDO "

Tengo miedo de entregar mi alma

A un futuro incierto que me pueda lastimar

Tengo miedo de entregar mi cuerpo

A alguien que no me sepa amar

Tengo miedo de empezar a amarte

Y me vuelvas a dejar

Tengo miedo porque te estoy queriendo

Y tú seas aquel que pueda llenarme de felicidad

Tengo miedo de entregarme a otro hombre

Y que no me sepa amar

Y

Tengo miedo de no hacerlo

Y volver a la soledad.

POEMA 42

21/09/2002

Tengo miedo fue escrito horas después el mismo día 21 de Septiembre, 2002, llena de dudas sobre el amor.

"CUANDO TE VUELVA A ENCONTRAR"

Cuando te vuelva a encontrar

Este calor intenso que siento en mi interior

Te lo voy a regalar

Cuando te vuelva a encontrar

Mi corazón latirá tan fuerte

Que me será imposible controlar

Cuando te vuelva a encontrar

Todas mis ilusiones se volverán claras

Y se harán una realidad

Cuando te vuelva a encontrar

Seremos uno solo y ahogaremos en llantos

y sonrisas nuestra felicidad.

POEMA 43

24/09/2002

Cuando te vuelva a encontrar fue escrito el día 24 de Septiembre del 2002, llena de esperanza por el reencuentro el amor se aviva.

"QUIEN ERES TU "

Quien eres tú que apareciste en mi vida

Y sembraste ilusiones otra vez por ti

Quien eres tú qué haces que te extrañe

Y pronuncie tu nombre llena de pasión por ti

Quien eres tú que me pides que te espere

Hasta que vuelvas a aparecer por aquí

Quien eres tú que rompes mi silencio

Y estremeces mi sentido de placer por ti

Quien eres tú que me dejaste sola

Pero llena de pasión por ti

Quien eres tú, simplemente tu quien eres

Para que yo desee volverte a ver.

POEMA 44
20/11/2002

Este poema Quien eres tú fue escrito el 20 de Noviembre del 2002, en el se representa la lucha interior entre la pasión y la paz de estar sola.

" OCASO Y FINAL "

Hace tanto tiempo que no sé lo que es amar

Que tengo el corazón lastimado de tanta soledad

Viví de tu ilusión que como un ave de paso llega y se va

Viví de tus recuerdos, tus libros y pequeñas cosas que llenaron mi soledad

Quisiera poder entenderte sabes. Entenderte para no volver a naufragar

Saber qué significado tiene para ti el verbo amar

Saber que cuando se ama, se necesita estar con el ser amado cada día más

Saber que cuando estas solo y triste llena de luz tu espacio

Una palabra suave y cariñosa de quien dices amar

Sin embargo te entiendo y estoy segura

Que tú no sabes ni sabrás nunca

Lo que es amar

Es por eso que camino por la vida

Esperando encontrar a alguien que sepa lo que es amar

Y sepa llenar de luz este espacio que tu no supiste llenar.

POEMA 45
5/02/2003

El poema Ocaso y Final fue escrito en Holguín el día 5 de Febrero del 2003, triste de tanto esperar, pero optimista de encontrar el verdadero amor.

"VOLVER A CREER"

Volver a creer me consuela

Porque sé que el amor siempre llega

Aunque para creer en un nuevo amor

Me mantenga en la espera.

Cuando te encontré

Como un torbellino suave me enredaste

Buscaste en mi interior y me hallaste

Un diluvio de esperanzas sembraste

Y una ráfaga de amor dejaste.

Transite por la alegría, la dicha y la pasión

Navegue en los mares de la añoranza

Y conquiste de nuevo una ilusión.

POEMA 46

29/04/2003

El poema Volver a creer fue escrito el 29 de Abril del 2003, llena de esperanza conquiste de nuevo una ilusión.

"OTRA VEZ"

Mis ojos brillaron de pasión otra vez

En mi interior tus recuerdos y caricias

Despertaron mi amor otra vez

Nunca te dije cuanta alegría sentía cada vez que te veía venir

Nunca te dije el torbellino de pasiones e ilusiones

Que con solo mirarme me hacías sentir

Ahora sueno despierta con tu rostro

y tus labios muy cerquita de mí

Dándome para siempre el placer de poderlos sentir.

POEMA 50
13/06/2011

El poema 50 con el titulo Otra vez, marca una nueva etapa de mi vida, deje de escribir por varios anos desde el 2005 hasta el 13 de Junio del 2011, escrito en Toronto, Canadá.

"CUANDO NUESTRAS ALMAS SE JUNTEN "

Quiero sentir tu boca recorrer mi cuerpo

Que tiembla de deseos desde hace mucho tiempo atrás

Quiero acariciar tu cuerpo

Con las mismas ansias con la que tu mirada me hacia suspirar

Quiero que se junten nuestras almas

En un cálido y fuerte abrazo hasta que me hagas sollozar

Y Quiero que envuelvas tu cuerpo en mi cuerpo

Con una caricia suave y loca que me haga delirar.

POEMA 51

20/06/2011

El poema cuando nuestras Almas se junten (51) fue escrito el 20 de Junio del 2011, expresando la ilusión por el amor.

"TU MIRADA"

Tu mirada dulce y serena

Cada día me envolvían de placer por ti

Buscar tus ojos cada mañana era una esperanza

Que llenaba de ilusión mi vida por ti

Cuando roce tus labios,

Cuando sentí tus manos y

Cuando mi cuerpo acerque hacia ti

Tus suaves, dulces y apasionadas caricias

Me hicieron estremecer de amor, pasión y placer por ti.

POEMA 52
18/05/2012

Tu mirada, poema escrito el 18 de Mayo del 2012.Es el más puro de los poemas escritos en esta colección.

"MI MANERA DE AMAR "

Aunque el viento deje de soplar

Aunque las olas dejen de sonar

Aunque los pájaros dejen de cantar

Aunque las mariposas dejen de volar

Aunque la Luna deje de brillar

Y aunque el Sol deje de alumbrar

Aunque todo eso suceda mi alma no dejara de amar.

POEMA 53
24/05/2012

Mi manera de Amar, es el poema que da Título al Libro, es la expresión en versos de la manera que veo el amor, pues creo y creeré que es el amor el que todo lo puede.

"JUNTOS OTRA VEZ"

Invítame de nuevo

A caminar tomados de la mano

Por las calles de nuestro pueblo natal

Invítame de nuevo

A tomar un café de esos

Que solo tú sabes preparar

Invítame de nuevo

A oír aquellas melodías muy antiguas

Que llenan mis entrañas de amor y placer

Invítame de nuevo

A acariciar tu rostro y tu cuerpo

Y deja que mis dedos te hagan temblar de amor y placer

Invítame de nuevo

A despertar de este sueño

Y a entender que estoy viva aquí y ahora

Y con ganas de volverte a tener.

POEMA 54
18/01/2015

Juntos otra vez, es la inspiración después de regresar a mi país luego de 9 largos años, el reencuentro con un viejo amor. Fue escrito en Toronto el día 18 de Enero del 2015.

*143242411*A